Lobisomens: as lendas e contos populares sobre humanos transformando-se em lobos

Por Charles River Editors

Introdução

Os lobisomens há muito são um elemento básico da cultura popular. No século 19 e no século 20, havia inúmeros livros, peças e filmes sobre pessoas que se transformaram em lobos ou humanóides semelhantes a lobos e fizeram alvoroço. A figura do lobisomem é tão familiar que as pessoas em todo o mundo estão familiarizadas com o folclore, e as crenças que eles transformam durante a lua cheia, só podem ser interrompidas com prata e transmitir sua doença mordendo suas vítimas.

Na verdade, essas crenças não eram originalmente parte do folclore dos lobisomens, mas adornos posteriores feitos por artistas. A crença na licantropia é muito mais antiga e complexa do que a maioria das pessoas suspeita, remontando à antiguidade, e os lobisomens já foram considerados muito reais. Na verdade, pessoas foram até julgadas e executadas porque os tribunais estavam convencidos de que eles podiam mudar sua forma e matar pessoas inocentes. Por milhares de anos, os lobisomens representaram uma tradição estranha e antiga que ainda ecoa pela cultura até hoje.

Primeiras Lendas de Lobisomem

Embora a lenda do lobisomem não tenha evoluído completamente até o final da Idade Média na Europa, os historiadores podem traçar seus primórdios até a antiguidade. A ideia de um humano se transformando em um animal selvagem é antiga, profundamente ligada a alguns dos mitos mais fundamentais. Esta é talvez uma memória de corrida da própria evolução das pessoas a partir dos animais mais simples, ou o interesse instintivo da humanidade e o medo do mundo natural. Afinal, a dissociação da sociedade moderna das forças da natureza é um fenômeno muito recente e, para a grande maioria da história humana, as pessoas viviam perto do mundo natural, e predadores como os lobos eram uma ameaça muito real. Dada essa história, é natural que as pessoas temessem que, por meio de magia, seus vizinhos pudessem se tornar animais selvagens.

A mitologia indo-europeia primitiva continha numerosos exemplos de guerreiros que vestiam peles de animais para assumir as características dos animais. Na maioria das vezes, são predadores como o lobo ou o urso. Os xamãs fizeram o mesmo para canalizar um espírito animal para ajudá-los a se comunicar com o mundo invisível. Essas lendas e representações antigas, entretanto, não mostram os guerreiros ou xamãs se transformando em lobos ou ursos - é uma transformação psicológica ou espiritual, não física.

As primeiras transformações reais podem ser encontradas na literatura da Grécia e Roma Clássicas, onde algumas fontes relacionam a mudança de forma como um fato. O escritor grego Heródoto (c. 484-425 AEC) escreveu em sua famosa obra Histórias de uma tribo da Ásia Central chamada Neuri, que se transformava em lobos uma vez por ano durante vários dias.

Uma descrição grega do século 5 AEC de Dolon vestindo uma pele de lobo durante a Guerra de Troia

Outros autores clássicos não ficaram tão convencidos. Em História Natural, Plínio, o Velho (23-79 EC) escreveu: "Que os homens foram transformados em lobos e novamente restaurados à sua forma original, devemos considerar confiantemente como falsos, a menos que, de fato, estejamos prontos para acreditar em todos os contos que, por tantas idades, foram considerados fabulosos. Mas, como a crença nisso se tornou tão firmemente fixada nas mentes das pessoas comuns, que fez com que o termo 'Versipellis' ["mudar a pele"] fosse usado como uma forma comum de imprecação, apontarei aqui sua origem. Euanthes, um autor grego de reputação nada desprezível, informa-nos que os Arcadianos afirmam que um membro da família de um certo Anthus é escolhido por sorteio, e depois levado para um determinado lago naquele distrito, onde, após suspender suas roupas em um carvalho , ele nada e vai embora para o deserto, onde se transforma em lobo e se associa a outros animais da mesma espécie por um período de nove anos. Se ele se absteve de ver um homem durante todo esse tempo, então retorna ao mesmo lago e, após nadar por dele, retoma sua forma original, apenas com o acréscimo de nove anos de idade à sua aparência anterior. Ele também veste suas roupas anteriores. É realmente maravilhoso ver até onde vai a credulidade dos gregos! Não há falsidade, ainda que tão descarada, da qual alguns deles não possam ser encontrados para dar testemunho. "

Outras histórias contaram sobre os deuses transformando homens em lobos como resultado de algum pecado. Em *Metamorfoses*, a lendária obra do poeta romano Ovídio (43 aC-17/18 dC), há uma história sobre Licaão enganando Júpiter para que ele coma carne humana. Quando o rei dos deuses descobriu o que Licaão havia feito, ele ficou furioso e transformou Licaão em lobo.

Uma gravura representando Zeus transformando Licaão em um lobo

Parece que, embora a ideia de um humano se transformando em lobo fosse comum nessas culturas antigas, era considerada algo à parte da vida normal. Em outras palavras, aqueles que podiam transformar viviam muito longe ou comungavam com os deuses. Membros mais educados da sociedade não acreditavam nas histórias de forma alguma. Tudo isso mudaria no final da Idade Média, quando a ideia de lobisomens era aceita como um fato por uma grande porcentagem da população.

Antes dessa época, entretanto, o terreno estava sendo estabelecido em várias culturas germânicas e eslavas para uma crença semelhante. Os detalhes são vagos e aparecem apenas em referências esparsas, mas eles sugerem um sistema de crenças mais amplo. Por exemplo, em algumas sagas nórdicas, o rei Harald Fairhair da Noruega (c. 850-932) tinha um corpo de soldados de elite chamado Úlfhednar ("revestido de lobo"), e esses homens usavam peles de lobos e canalizavam o espírito e ferocidade dos animais em batalha. Nisso eram semelhantes aos furiosos mais famosos, que usavam peles de urso pelo mesmo motivo. Ambos os tipos de guerreiros eram conhecidos por serem capazes de receber vários ferimentos que matariam um homem comum e ainda assim continuar lutando. Frequentemente, eles caíam mortos após o fim da batalha.

Uma gravura retratando Odin sendo seguido por um berserker

Os eslavos também contaram histórias de criaturas semelhantes às concepções modernas de um lobisomem. O Conto da Campanha de Igor, um poema épico de proveniência incerta que muitos estudiosos datam do século 13, conta os feitos do histórico Príncipe Igor Svyatoslavich, o Bravo (1151-1201 / 1202), um príncipe da Rus. O poema fala também de um príncipe anterior, Vseslav de Polotsk (c. 1039-1101). Ele é descrito como um homem de dia e um lobo à noite, capaz de viajar grandes distâncias: "Vseslav, o príncipe julgava os homens; como príncipe, ele governou cidades; mas à noite ele vagava disfarçado de lobo. De Kiev, rondando, ele alcançou, antes da tripulação do galo, Tmutorokan. O caminho do Grande Sol, como um lobo, rondando, ele cruzou. Para ele, em Polotsk, tocavam sinos cedo em Santa Sofia; mas ele ouviu o toque em Kiev."

Os lobisomens também chegaram a algumas das geografias medievais e do início da modernidade. Olaus Magnus (1490-1557), arcebispo de Uppsala e um prolífico escritor, incluiu o seguinte em *A Descrição dos Povos do Norte*:

"Na Prússia, na Livônia e na Lituânia, embora os habitantes sofram consideravelmente com a rapacidade dos lobos ao longo do ano, na medida em que esses animais atacam os bovinos, que são espalhados em grande número pela floresta, sempre que se afastam, mas isso não é considerado por eles como um assunto tão sério como o que eles suportam dos homens transformados em lobos.

"Na festa da Natividade de Cristo, à noite, uma multidão de lobos transformados de homens se reúnem em um certo local, dispostos entre si, e depois se espalham com a ferocidade maravilhosa contra os seres humanos, e aqueles animais que não são selvagens sofrem mais prejuízos do que de lobos verdadeiros e naturais; pois quando uma habitação humana isolada é detectada por eles, eles a sitiam com atrocidade, esforçando-se para arrombar as portas, e quando conseguem, eles devoram todos os seres humanos, e todos os animais que são encontrados dentro. Eles invadiram os porões de cerveja, e lá esvaziam os barris de cerveja ou hidromel, e empilham os barris vazios um acima do outro no meio do porão, mostrando assim sua diferença de lobos naturais e genuínos. Entre a Lituânia, a Livônia e Courland estão as paredes de um certo velho castelo arruinado. Neste local congregam milhares, em uma ocasião fixa, e tentam sua agilidade em saltar. Aqueles que são incapazes de amarrar sobre o muro, como é frequentemente o caso do mais gordo, são derrubados com flagelos pelos capitães e mortos."

O estudioso Samuel Rhanæus, que estava ativo na segunda metade do século 17, escreveu muito sobre lobisomens:

"Há muitos exemplos derivados não apenas de boatos, mas recebidos em evidências indiscutíveis, para contestarmos o fato, que Satanás — se não negarmos que tal ser existe, e que ele tem seu trabalho nas crianças das trevas — mantém os interessados em licantropia em sua rede de três maneiras:—

1.Eles executam certos atos como lobos, como apreender uma ovelha, ou matar gado, não transformados em lobos, que nenhum homem estudado em Courland acredita, mas em seus corpos humanos, e com seus membros humanos, ainda em tal estado de fantasma e alucinação, que eles acreditam que se transformaram em lobos, e são considerados como tal por outros que sofrem sob alucinação semelhante , e desta maneira agem em bandos como lobos, embora não lobos verdadeiros.

2.Eles imaginam, em sono profundo ou sonho, que eles ferem o gado, e isso sem sair de seu sofá; mas é o seu mestre que faz, em seu lugar, o que sua fantasia aponta, ou sugere.

3.Uma pessoa imagina a cena e a detalha para quem está sentado no sofá, para que este imagine a situação, imóvel em seu lugar, tanto em sonhos quanto ao acordar, assim o fazendo acreditar que o ato foi cometido por ele mesmo."

Gradualmente, um sistema de crenças se formou em torno da figura do lobisomem, e os lincantropos se estabeleceram na cultura popular. Como em todo folclore, crenças específicas variavam de região para região, mas havia uma continuidade da crença em toda a Europa. Ao mesmo tempo, como com a citação logo acima, alguns duvidavam do aspecto metamorfo e, em vez disso, olhavam para a lincantropia como uma forma de loucura, provocada pelo Diabo ou naturalmente.

Os lobisomens eram predominantemente homens, e apenas na Finlândia e Escandinávia eram a maioria dos lobisomens mulheres. Lá, eles eram mais como bruxas, com garras venenosas que podiam amaldiçoar gado e crianças com seu olho mágico do mal.

A transformação do lobisomem era geralmente temporária, mudando para caçar por uma noite antes de mudar de volta e retomar sua vida como um cidadão normal. Outras crenças diziam que o lobisomem mudaria por vários dias ou semanas. Em alguns contos, a mudança foi permanente, e o lobo bipedal do cinema e da literatura foi uma invenção posterior.

O lobisomem tradicional geralmente se transformava em um lobo, indistinguível de um lobo normal, exceto pelo seu tamanho, ferocidade, e, em alguns contos, seus olhos humanos. Às vezes também faltava uma cauda. Em outros casos, o humano não se transformou em tudo, mas simplesmente ficou de quatro e rosnou andando como um lobo. Embora as criaturas frequentemente foram atrás de vítimas vivas (provavelmente a maioria desses casos eram ataques de lobos reais), eles também eram conhecidos por desenterrar os recém-falecidos e comer seus cadáveres apodrecidos.

Um caso notável veio de Paris em 1848. No outono daquele ano, vários cemitérios foram violados, com os corpos desenterrados e despedaçados. No início, os vigias pensaram que poderia ter sido algum tipo de animal, mas então em um ponto eles encontraram pegadas de um homem na terra macia. A profanação parou por um tempo, depois retomou. Ninguém poderia pegar o culpado ou adivinhar por que alguém faria uma coisa dessas.

Finalmente, em março do ano seguinte, o culpado finalmente ficou sem sorte. Os vigias tinham montado uma arma de mola, uma espingarda disparada por um arame e comumente usada para atirar em caçadores furtivos, e funcionou igualmente bem nos ladrões de túmulos. Vizinhos perto do cemitério de S. Parnasse ouviram a arma disparar uma noite e os vigias correram para ver se a pessoa misteriosa tinha finalmente sido morta. Assim que chegaram, viram um homem de uniforme militar pular um muro próximo e desaparecer.

Manchas de sangue e um uniforme rasgado mostraram que o homem tinha sido atingido, e a polícia foi a todos os quartéis locais à procura de alguém que sofre de um ferimento de bala. Encontraram-no, um oficial júnior do 1 Regimento chamado Bertrand.Em seu julgamento, ele admitiu os crimes, dizendo que a compulsão de profanar os mortos veio sobre ele em um dia chuvoso em fevereiro de 1847. Ele estava andando perto de uma igreja quando uma chuva repentina o fez correr para abrigo no edifício sagrado. Enquanto estava lá, ele notou que o novo túmulo de uma mulher no cemitério não tinha sido totalmente preenchido. A pá estava por perto, e de repente ele teve uma vontade predominante de atacar o corpo.

Ele deu a seguinte explicação:

"Logo eu arrastei o cadáver para fora da terra, e eu comecei a mexer com a pá, sem bem saber no que eu estava tocando. Um operário me viu, e eu me deitei no chão até que ele estava fora de vista, e então eu joguei o corpo de volta no túmulo. Então fui embora, banhado em um suor frio, para um pequeno bosque, onde eu repousei por várias horas, apesar da chuva fria que caiu, em uma condição de exaustão completa. Quando me levantei, meus membros estavam quebrados, e minha cabeça fraca. A mesma prostração e sensação se seguiu a cada ataque.

"Dois dias depois, voltei ao cemitério, e abri o túmulo com as mãos. Minhas mãos sangraram, mas eu não senti a dor; Eu rasguei o cadáver em pedaços, e o atirei de volta no poço.

Mais ataques se seguiram ao primeiro, e ele sempre atacou os corpos de mulheres, de garotinhas a mulheres velhas, em um caso rasgando o corpo e rolando na bagunça. Às vezes ele quebrava o corpo com uma pá, como em seu primeiro ataque. Outras vezes ele rasgava-o com a boca e as unhas.

Bertrand era conhecido por seus ataques de melancolia, e ele disse que estes, muitas vezes alimentados por longos ataques de bebedeira, muitas vezes precederam seus impulsos repentinos. Ele nunca planejou seus ataques, mas apenas agiu por impulso, e ele cairia em um estado de exaustão total depois. Este era um traço comum entre lobisomens, que foram relatados estar totalmente desgastados após seus ataques de fúria. Enquanto a imprensa o rotulava como um monstro, ele não estava queimado por ser um lobisomem como certamente teria sido dois séculos antes. Em vez disso, ele recebeu apenas um ano de prisão, uma sentença notavelmente leve para alguém que era obviamente criminalmente insano.

A maioria das cepas de crença folclórica lobisomem na Europa sustentava que, na forma humana, o lobisomem trazia traços de sua aflição, o que significava que havia inúmeras maneiras de detectar um lobisomem. Eles frequentemente tinham uma sobrancelha, unhas grossas e curvas, orelhas baixas na lateral da cabeça, e um passo fácil e oscilante que lembra o de um animal. Outras tradições diziam que bebês nascidos com cabelo ou na bolsa fetal estavam destinados a se tornar metamorfos. Como discutido mais abaixo, alguns povos eram notórios por terem uma proporção significativa de lobisomens, como os Neuri, os livônios e os transdanubios.

Em muitas histórias, o lobo era ferido por algum caçador corajoso ou suposta vítima, e quando o lobisomem voltava à forma humana, ficava com os ferimentos. Um lobisomem suspeito em forma humana poderia ser cortado, e pelos sairiam da ferida. Na Rússia, acreditava-se que um lobisomem tinha pele sob sua língua.

A ideia de que uma mordida de lobisomem transmitiria o gene é uma invenção moderna - na maioria dos casos judiciais registrados, acreditava-se que o lobisomem ganhava seu poder através de um acordo com o Diabo ou indiretamente através de um dos lacaios do Diabo na Terra. A ideia de uma capa de pele de lobo ou cinturão de lobos permitindo que seu portador mudasse de forma sobreviveu dos tempos antigos bem no século 17, mas até então era vista não apenas como mágica, mas também um sinal da corrupção de Satanás, pois toda a magia era considerada obra do Diabo.

Como Richard Verstegan escreveu em seu tratado de 1628 A Restituição da Inteligência Deteriorada, "[Existem] feiticeiros certoyne, que tendo irritado seus corpos com uma pomada que eles fazem pelo instinto do diabo, e colocando em uma cinta encantada, não só para a visão dos outros parecem como lobos, mas para o seu próprio pensamento têm tanto a forma e a natureza dos lobos, contanto que usem a cinta. E eles se sentem como lobos, em preocupação e matança, e a maioria das criaturas humanas."

Também se dizia que havia correntes mágicas, sem

dúvida, uma vez que manchas sagradas em tempos pré-cristãos, onde se podia tomar banho para ganhar o poder. As pessoas também podem beber água da chuva da pegada de um lobo.

A ligação entre a lua cheia e os lobisomens é tênue. A única correlação direta na literatura popular é encontrada na Alemanha e na França, onde as pessoas poderiam ganhar o poder em noites particulares de verão se dormissem do lado de fora com a lua cheia brilhando em seu rosto. É interessante notar que eles não eram forçados a mudar a cada lua cheia.

Curar um lobisomem era uma questão complicada. Na Grécia e na Roma antigas, pensava-se que forçar os aflitos a realizarem atividades físicas extenuantes até o colapso os curar. Claro, para aqueles que eram loucos e pensavam que eram lobos, isso certamente pararia seus sintomas por um tempo, mas era de se perguntar o que os antigos médicos fizeram depois que o paciente descansou e a ilusão voltou.

Nos tempos cristãos, já que se pensava que qualquer lobisomem suspeito havia feito um pacto com Satanás, raramente se tentavam curas. Frequentemente, o lobisomem era condenado à mesma punição de limpeza dada às bruxas: queimar na fogueira. Tribunais mais misericordiosos tentaram exorcismo ou, na Alemanha, cravando pregos nas palmas das mãos em imitação dos sofrimentos de Cristo.

Um pouco mais ao norte, em Schleswig-Holstein, os lobisomens escaparam com relativa facilidade. Tudo o que se tinha que fazer era chamar o lobisomem pelo nome de batismo três vezes e eles voltariam à sua forma humana, para nunca mais mudar.

Apenas em relativamente poucos casos a prata, ou uma bala de prata, foi usada contra um lobisomem. Há, no entanto, uma lenda do século 19 de Devonshire sobre dois cães negros gigantes que saíram das charnecas para comer regularmente a sidra em uma pousada local. O estalajadeiro, finalmente criando coragem para enfrentar as feras sinistras, disparou um botão de prata sobre suas cabeças, momento em que os dois cães se transformaram em duas senhoras que viviam na vizinhança. Claro, este conto parece ser mais uma história sobre bruxaria do que licantropia.

Era preciso ter cuidado ao descartar o corpo do lobisomem, razão pela qual as pessoas condenadas por serem lobisomens geralmente eram queimadas ou desmembradas, porque se isso não fosse feito, acreditava-se que muitas vezes voltariam dos mortos como lobos. Na Polônia e na Alemanha, acreditava-se que os corpos de grandes pecadores se transformavam em lobos à noite para se alimentar dos vivos antes de se transformarem em cadáveres durante o dia, uma fusão interessante dos mitos do vampiro e do lobisomem.

Mais a leste, onde as crenças em vampiros eram abundantes, há uma conexão mais próxima. Na Grécia, uma pessoa que sofre de licantropia às vezes fica em um estado de transe, durante o qual sua alma deixa o corpo, entra no de um lobo e corre em busca de sangue para beber. Quando ele retorna, a pessoa está totalmente exausta. Assim que o licantropo morrer, ele retornará como um vampiro.

Na Sérvia, lobisomens e vampiros são chamados pelo mesmo nome, vlkoslak, e eles devastam o campo nos meses de inverno e às vezes realizam grandes festivais onde tiram a pele de lobo e brincam uns com os outros. Se uma pessoa conseguir encontrar uma dessas peles e queimá-la, o vlkoslak será curado.

Os russos chamaram o lobisomem de wawkalak, e uma pessoa é transformada em um ao irritar o Diabo e ser amaldiçoado pelo Escuro. Nesse ponto, a pessoa se torna um lobo e corre de casa em casa, pedindo comida a seus parentes. O lobo é inofensivo, mas miseravelmente preso nessa forma e forçado a se mover constantemente de um lugar para outro.

Uma Onda de Ataques de Lobisomem

Por razões que não são totalmente claras, lendas e histórias díspares se juntaram no final da Idade Média para formar a crença em muitas partes da Europa de que algumas pessoas poderiam se transformar em lobos à vontade para caçar humanos e gado. Eles emergiram do inconsciente coletivo para os registros legais no século 15, ao mesmo tempo que a primeira onda de julgamentos por bruxaria. Em muitos casos, os réus foram acusados de serem lobisomens e bruxas.

Os primeiros casos importantes na Europa Ocidental consistiram em uma série de julgamentos no cantão de Valais, onde hoje é a Suíça, começando em 1428. Embora este não tenha sido o primeiro julgamento de bruxaria na Europa, ou mesmo o primeiro na Suíça, esses julgamentos foram os primeiros em que um grande número de pessoas foi julgado e punido por bruxaria. Quando os oito anos de julgamentos terminaram, centenas foram considerados culpados e cerca de 200 foram executados queimando na fogueira.

Não está claro como a histeria de bruxaria de Valais começou, mas ocorreu no pano de fundo da turbulência política que viu um levante contra a nobreza e uma perseguição aos valdenses, uma seita ascética do cristianismo que a Igreja Católica declarou herética.

Assim, a caça às bruxas pode ter sido uma forma de a Igreja e a aristocracia reassumirem o controle, mas seja qual for o motivo, houve inúmeras acusações de indivíduos contra pessoas que teriam cometido crimes depois de fazer um acordo com o Diabo. As autoridades declararam que iriam prender, encarcerar e interrogar qualquer pessoa acusada por três de seus vizinhos, e até mesmo a nobreza foi incluída neste decreto. Se o acusado fosse apontado por cinco ou mais pessoas não suspeitas, o acusado seria torturado. Depois disso, eles geralmente seriam julgados e condenados à morte por bruxaria.

Em retrospectiva, é extremamente óbvio como esse decreto pode ser amplamente abusado facilmente. Qualquer pessoa que tivesse rancor podia fazer uma acusação de bruxaria, e os condenados a serem queimados na fogueira podiam se vingar, apontando o dedo para aqueles que os mandaram para lá.

Talvez inevitavelmente, todo o cantão explodiu com acusações, e a maioria delas eram de uma forma que se tornaria muito familiar nos séculos vindouros. De acordo com os acusadores, as bruxas lançam feitiços para prejudicar as plantações e o gado, causar doenças ou abortos espontâneos, ou mesmo causar a morte. As bruxas se encontravam em segredo com o Diabo na forma de um urso ou carneiro, ou às vezes até mesmo como um professor que lhes ensinava como fazer o mal. As bruxas então confessariam as boas ações que haviam feito e se arrependiam prometendo espalhar mais mal. Algumas bruxas criaram uma pomada mágica que colocariam em cadeiras para que pudessem voar pelo ar.

Um pequeno subconjunto dos julgamentos acusou as pessoas de serem lobisomens e de terem ganhado o poder do Diabo para mutilar o gado. A ligação entre lobisomens e bruxas continuaria durante a loucura por bruxas como um dos muitos crimes que aqueles que estavam em aliança com o Diabo supostamente cometeram.

Ao contrário de muitos julgamentos de bruxas posteriores, cerca de dois terços dos lobisomens e bruxas acusados eram homens. Essa tendência continuaria não apenas na Suíça, mas durante a caça às bruxas, e a ligação entre bruxas e lobisomens era vista predominantemente como masculina. As bruxas raramente eram acusadas de se transformarem em lobos.

Um caso de um lobisomem ocorreu em Arnhem, Holanda, em 1595, quando Johan Martensen von Steenhuisen foi acusado de ser um lobisomem. Ele foi inicialmente submetido a mergulho, um método de detecção de bruxas através do qual uma pessoa é amarrada e jogada na água. Se eles afundarem, eles são inocentes.Se forem bruxas, a água os rejeita e eles flutuam.

Martensen flutuou e então confessou ter vendido sua

alma ao Diabo três anos antes. Ele estava andando em um dique, tendo sofrido um ferimento e se sentindo deprimido quando conheceu um estranho. Ele pediu comida ao estranho, momento em que o estranho disse que Martensen poderia comer toda a comida que quisesse e muito mais se renunciasse a Deus.

Depois de alguma hesitação, Martensen concordou, e o Diabo lhe deu um pedaço de pano, dizendo que enquanto ele o tivesse, ele teria sucesso em tudo o que colocasse a mão. Desde aquela época, ele estava "andando como um lobo". Tudo o que ele precisava fazer era colocar o pano na cabeça para se transformar. Ele manteve suas faculdades mentais, mas não conseguia falar. Ele também poderia usar o pano para enfeitiçar as pessoas batendo nelas com ele.

Foto de José Luiz Bernardes Ribeiro de um guindaste submerso da Alemanha

Uma vez que a ideia de lobisomens se imprimiu na consciência pública, não demorou muito para que indivíduos reais fossem levados a julgamento por serem metamorfos sem qualquer acusação associada de bruxaria.

Alguns indivíduos depravados eram culpados de crimes tão horríveis que o público imaginava que deviam ser lobisomens porque nenhum ser humano de verdade poderia ter cometido atos tão hediondos. Um deles foi Gilles Garnier, um eremita do século 16 na França que vivia fora da cidade de Dole. Apesar de sua natureza reclusa e da falta de renda, ele encontrou uma esposa. Logo, qualquer felicidade conjugal que pudesse haver em sua cabana remota foi rompida porque ele não podia manter sua esposa e o lar. Ela começou a reclamar e Garnier ficou desesperado.

Em outubro de 1572, ele atacou sua primeira vítima, uma menina de 10 anos que ele pegou sozinho e arrastou para um vinhedo fora da cidade. Lá, ele a estrangulou até a morte, a despiu e deu grandes mordidas em seus braços e coxas. Então, lembrando-se de sua esposa irritante em casa, ele cortou um pouco da carne da garota e trouxe para casa para cozinhar para ela.

Algumas semanas depois, ele atacou sua segunda vítima,

novamente uma jovem, em quem ele saltou e começou a morder e arranhar, mas várias pessoas vieram correndo ao som dos gritos dela e ele se apressou para fugir. A garota foi horrivelmente atacada e morreu alguns dias depois.

No mês seguinte, Garnier atacou novamente, desta vez matando um menino de 10 anos e comendo a carne de suas coxas e barriga e levando uma das pernas do menino para casa. Então ele estrangulou outro menino até a morte, mas foi avistado e teve que fugir antes que pudesse comer o corpo.

O próximo ataque, novamente contra um menino, foi ainda mais brutal. Ele matou o menino e comeu tanto da barriga da criança que literalmente partiu a pobre criança ao meio.

Todos esses ataques aconteceram em 1572. No ano seguinte, elc estrangulou uma garota até a morte e, no padrão familiar, comeu um pouco de sua carne na hora e levou um pouco para sua esposa.

Os habitantes locais pensaram que um lobisomem estava solto no distrito, e as autoridades emitiram um decreto permitindo que cidadãos comuns o caçassem e matassem se pudessem. Por um tempo, eles não conseguiram encontrar o suposto monstro, mas uma noite um grupo de trabalhadores da cidade vizinha estava caminhando e avistaram o que a princípio pensaram ser um lobo com uma criança nas mandíbulas. Então, um deles reconheceu Gilles Garnier. Eles alertaram as autoridades e ele foi preso.

Garnier foi torturado, mas não parecia precisar de muito incentivo para admitir seus crimes. Talvez fosse o peso das evidências contra ele, ou o fato de que ele era mentalmente desequilibrado. Ele alegou que havia caçado na floresta uma noite quando foi confrontado por um espectro que lhe ofereceu o segredo de uma pomada especial que o transformaria em um lobo, tornando mais fácil caçar. Ele admitiu todos os crimes e foi considerado culpado de licantropia e bruxaria. A última acusação foi devido ao seu acordo com o espectro, que o tribunal decidiu que devia ser um agente do Diabo.

Mais de 50 testemunhas disseram que o viram atacar crianças, o que nos faz perguntar por que não foi preso antes. Muitos deles pensaram que estavam vendo um lobo. Na maioria dos casos, o crime aconteceu à noite, e as roupas desgrenhadas de Garnier, sua aparência esfarrapada e ações selvagens fizeram muitas pessoas pensarem que estavam vendo um animal em vez de um ser humano. Também é possível que essas testemunhas não tivessem visto nada, mas guardassem um rancor bastante compreensível contra ele e quisessem ter certeza de que ele seria considerado culpado.

Gilles Garnier foi condenado à morte e queimado na fogueira em 18 de janeiro de 1573. Sua esposa foi presa e queimada no mesmo dia. Sob tortura, ela confessou tê-lo ajudado e se alimentado da carne proibida. Ela não foi acusada de ser um lobisomem, mas seus crimes foram considerados malvados o suficiente para merecer a mesma punição.

Olhando para trás, para o caso, parece óbvio para os olhos modernos que Garnier foi um assassino em série. Aos olhos dos franceses rurais do século 16 , entretanto, ele tinha que ser algo mais, literalmente uma besta em forma humana.

Outro homem assim foi Peter Stubbe, um próspero fazendeiro que vivia nos arredores de Bedburg, na Renânia, onde então era o Sacro Império Romano. Stubbe (também conhecido em várias fontes como Stuppe, Stumpp ou Stumpf) estava passando por alguns momentos difíceis; a região havia sido devastada na época pela Guerra de Colônia, uma luta amarga entre protestantes e católicos que muitos historiadores vêem como um prelúdio para a Guerra dos Trinta Anos, a pior luta religiosa que a Europa já viu.A região era controlada pelos católicos, mas Stubbe era protestante e se recusou a se converter. Isso faria dele um alvo.

Em meados da década de 1580, pessoas e animais da

região começaram a aparecer mortos, com seus corpos dilacerados de formas horríveis. As pessoas afirmavam que um lobo gigante era a causa e o descreviam em termos exagerados "com olhos grandes, que à noite brilhavam como brasas de fogo, uma boca grande e larga, com os dentes mais afiados e cruéis, um corpo enorme e patas poderosas. " Tal besta certamente não deve ser um lobo normal, mas um lobisomem.

Por vários anos, o lobo escapou da captura. Vários caçadores foram em vão atrás dele, até que em 1589, um bando de caçadores e seus cães finalmente o derrubaram. Movendo-se pelo mato, eles rastrearam a fera rosnando e conseguiram cercá-la. Eles apertaram a corda que o prendia, apenas para descobrir que não haviam capturado um lobo, mas Peter Stubbe.

Ainda assim, os caçadores não foram enganados. Em um encontro anterior, alguém havia conseguido cortar a pata dianteira esquerda do lobo, e Stubbe estava sem a mão esquerda. Essa era toda a prova de que precisavam. Os caçadores o arrastaram até o magistrado, que ordenou que ele fosse colocado na prateleira, e ele rapidamente confessou em vez de enfrentar a tortura. Stubbe declarou que matou 13 crianças, duas mulheres grávidas e um homem. Quando ele matou as mulheres grávidas, ele arrancou as crianças de seus ventres e comeu seus corações.

De acordo com um panfleto publicado logo após seu julgamento, Stubbe disse o seguinte:

"Peeter, que desde sua juventude foi muito inclinado para o mal e a prática de artes perversas, desde os doze anos de idade até os vinte, e assim avança até o dia de sua morte, de tal forma que se fartar no desejo condenável de magia, necromancia e feitiçaria, familiarizando-se com muitos espíritos e demônios infernais, tanto que se esquecendo do Deus que o fez, e daquele Salvador que derramou seu sangue para a redenção do homem. No final, o descuido com a salvação deu alma e corpo ao Diabo para sempre, para um pequeno prazer carnal nesta vida, para que ele pudesse ser famoso e falado na terra, embora perdesse o céu com isso.

"O Diabo, que tem ouvidos prontos para ouvir os movimentos obscenos dos homens amaldiçoados, prometeu dar-lhe tudo o que seu coração desejasse durante sua vida mortal: após o que este infame vil não desejou riquezas nem promoção, nem ficou satisfeito com qualquer coisa externa ou o prazer exterior, mas tendo um coração tirano e uma mente sangrenta mais cruel, solicitou que a seu prazer ele pudesse trabalhar sua malícia em homens, mulheres e crianças, na forma de alguma besta, pela qual ele pudesse viver sem medo ou perigo de vida, e desconhecido para ser o executor de qualquer empreendimento sangrento que ele pretendia cometer.

"O Diabo, que o viu um instrumento adequado para praticar o mal, como um demônio perverso satisfeito com o desejo de injustiça e destruição, deu-lhe um cinto que, sendo colocado em torno dele, foi imediatamente transformado na imagem de um ganancioso e devorador lobo, forte e poderoso, com olhos grandes, que à noite brilhavam como marcas de fogo, uma boca grande e larga, com dentes muito afiados e cruéis, um corpo enorme e patas poderosas. E assim que ele deveria tirar o mesmo cinto, mas agora ele deve aparecer em sua forma anterior, de acordo com a proporção de um homem, como se nunca tivesse sido alterado.

"Ele procedeu à execução dos mais hediondos e vis assassinatos; pois se qualquer pessoa o desagradasse, ele teria sede incontinente de vingança, e assim que eles ou qualquer um deles caminhassem pelos campos ou pela cidade, mas na forma de um lobo ele os encontraria imediatamente e nunca descansaria até arrancar suas gargantas e dilacerar suas juntas. E depois de prová-lo, sentia tanto prazer e deleite em derramar sangue, que noite e dia caminhava pelos campos e praticava crueldades extremas. E várias vezes ele passava pelas ruas de Collin, Bedbur e Cperadt, em um hábito elegante e muito civilizado, como um bem conhecido de todos os habitantes da região, e muitas vezes ele era saudado por aqueles cujos amigos e filhos ele havia massacrado, embora nada suspeitasse do mesmo. Nesses lugares, eu digo, ele andava para cima e para baixo, e se pudesse espiar uma empregada, esposa ou filho que seus olhos gostassem ou que seu coração desejasse, ele esperaria sua saída da cidade ou vila. Se ele pudesse de alguma forma pegá-los sozinho, ele iria violá-los nos campos e depois, em sua semelhança de lobo, cruelmente matá-los. "

Seus desejos se estendiam até mesmo à sua própria família: "Naquela época, ele vivia como uma bela jovem donzela que era sua filha, por quem ele também cobiçou deve de forma anormal e cruel cometer o mais perverso incesto com ela." Ele também matou seu próprio filho na forma de lobo e comeu seu cérebro.

Depois de ouvir tudo isso, o tribunal chocado condenou Stubbe à morte, e "suas várias sentenças proferidas em 28 de outubro de 1589, ocorreram da seguinte maneira: Stubbe Peeter como principal malfeitor, foi julgado primeiro por ter seu corpo colocado em uma roda, e com pinças em brasa em dez lugares para ter a carne arrancada dos ossos, depois disso, suas pernas e braços foram quebrados com um machado de madeira ou machadinha, depois teve sua cabeça arrancada de seu corpo, e depois sua carcaça fora queimada até virar cinzas. Além disso, sua filha e sua fofoqueira [esposa] foram julgadas para serem reduzidas a cinzas, na mesma hora e dia com a carcaça do referido Stubbe Peeter. E no dia 31 do mesmo mês, eles sofreram a morte de acordo na cidade de Bedbur na presença de muitos nobres e príncipes da Alemanha. ”

Stubbe era um serial killer ou apenas um homem assustado que estava disposto a dizer aos juízes qualquer coisa que eles quisessem ouvir apenas para evitar tortura? É impossível dizer com certeza. Certamente ele deve ter sabido que embora pudesse evitar a dor durante o interrogatório, confessar tais crimes significaria muito mais dor depois, para não falar da morte. Giles Garnier foi pego em flagrante, ao passo que não havia evidências tão contundentes contra Peter Stubbe. O envolvimento da esposa e filha adiciona outra camada ao mistério, especialmente porque as fontes não estão claras como elas foram implicadas nos assassinatos. A julgar pelo que Stubbe admitiu ter feito à filha, eles podem ter sido vítimas de abuso, apanhadas na histeria pública, em vez de cúmplices de assassinato.

Um caso mais claro de um serial killer sendo rotulado de lobisomem é o de Manuel Blanco Romasanta, um dos julgamentos de lobisomem mais modernos já registrados.

Romasanta parece ter sido uma pessoa com intersexo. Quando ele nasceu, em 1809, o médico ou parteira que fez o parto o proclamou menina, e ele foi criado assim por seis anos até que um médico descobriu o erro e disse aos pais que eles tinham um menino.

Apesar desse começo difícil, Romasanta parecia, pelo menos superficialmente, estar bem ajustado. Ele aprendeu a ler e a escrever numa época em que isso não era comum na classe trabalhadora, tornou-se alfaiate e se casou. Quando sua esposa morreu em 1833, ele se tornou um vendedor, viajando por toda a Espanha e Portugal. O que ninguém suspeitou foi que ele usou essas viagens para mascarar uma série de crimes sangrentos.

Ninguém sabe exatamente quantas pessoas Romasanta matou, mas o primeiro caso comprovado foi o do condestável de León, na Espanha, que em 1844 tentou cobrar uma dívida pendente de 600 reais que Romasanta devia a um negociante pela mercadoria que vendia. O policial foi encontrado morto e Romasanta havia desaparecido. Ele foi considerado culpado à revelia e condenado a 20 anos de prisão.

Tinha fugido para Portugal, onde viveu durante um ano numa aldeia a trabalhar em vários empregos e a ajudar na colheita. Muitos dos homens da aldeia o achavam afeminado por causa de sua estatura baixa e frágil, de seus relacionamentos amigáveis, mas não sexuais, com várias mulheres e por fiar fios.

Devido ao seu conhecimento íntimo do campo desde a época de caixeiro-viajante, muitas pessoas o contratavam como guia, e ele aproveitava para conduzi-los a algum lugar remoto e matá-los. Ele era confiável e frequentemente escoltava mulheres sozinhas ou mulheres com filhos, que se tornavam suas vítimas favoritas. Os corpos, quando encontrados, eram horrivelmente mutilados e pareciam ter sido despedaçados por um grande predador. No início, ele conseguiu escapar de suspeitas, enviando cartas para suas famílias dizendo que eles haviam chegado em segurança. Ele provavelmente fez com que suas vítimas escrevessem antes de matá-las, dizendo que as entregaria "quando chegassem lá".

Embora tenha obtido sucesso em somar uma grande contagem de vítimas, ele cometeu o erro básico de vender as roupas de suas vítimas. Naquela época, a maioria das pessoas usava a mesma roupa todos os dias, o que significava que as roupas eram facilmente identificáveis e, com isso, as pessoas começaram a notar. Eles também se perguntaram sobre o novo sabão que Romasanta estava vendendo, e começou um boato de que era feito com a gordura das pessoas que ele matou.

Ele foi preso, acusado de assassinato e confessou rapidamente. Ele alegou ter matado 13 pessoas enquanto sofriam da doença da licantropia. Os juízes zombaram disso e o desafiaram a se transformar em um lobo na frente do tribunal, ao que ele deu uma resposta pouco convincente de que não era mais um lobisomem.

O tribunal o considerou culpado de nove dos assassinatos, determinando que as outras quatro pessoas realmente foram mortas por lobos. A princípio, eles o condenaram à morte, mas um médico francês pediu a suspensão da execução para que ele pudesse estudar Romasanta, que ele acreditava estar sofrendo de graves delírios. A psicologia estava em sua infância nessa época, e um caso tão estranho certamente causaria furor na instituição médica. O pedido de perdão da pena final chegou até a Rainha Isabel II. O pedido foi atendido e Romasanta morreu de câncer no estômago em 1863, ainda na prisão por seus muitos crimes.

**Um esboço contemporâneo de Romasanta em um
relatório médico**

Um Santo Lobisomem

Um caso que não se encaixa no padrão geral é o de
Thiess de Kaltenbrun, que confessou ser um lobisomem

em 1692 em Jürgensburg, na Livônia sueca, que agora é a cidade de Zaube, na Letônia. Thiess estava com mais de 80 anos na época e, aparentemente, não em plena retenção de suas faculdades mentais. Ele foi levado ao tribunal como testemunha no julgamento de um homem acusado de roubar uma igreja. Ao depor, porém, em vez de falar sobre o caso, começou a divagar sobre como era um lobisomem sagrado.

Thiess afirmou que ele e alguns amigos não identificados receberam o poder da licantropia de Deus para que pudessem se transformar em lobos e lutar contra os demônios no Inferno. Eles iam três vezes por ano, "durante a noite de Pentecostes, na noite de solstício de verão e na noite de Santa Lúcia. Quanto às duas primeiras noites, não foram exatamente nessas noites, mas mais quando o grão estava florescendo propriamente, porque é na hora que as sementes estão se formando que os feiticeiros espiram a bênção e a levam para o Inferno. , e é então que os lobisomens assumem a responsabilidade de trazê-lo de volta."

Assim, ele e seus companheiros "cães de caça de Deus" eram essencialmente um grupo de invasão sagrado para recuperar itens roubados por bruxas. Muitos julgamentos de bruxas incluíam a acusação de que as bruxas usavam sua magia para roubar de seus vizinhos, mas os acusadores nunca explicaram por que os réus geralmente não estavam em melhor situação do que suas supostas vítimas. Thiess resolveu esse enigma explicando que as bruxas trouxeram todo o seu saque para o Inferno.

Ele alegou que tinha um cinto especial feito de pele de lobisomem que ele usava para se transformar em lobo, dado a ele por um fazendeiro. Este é um antigo tropo do folclore germânico e escandinavo encontrado em muitos contos. Thiess disse que já havia dado o cinturão 10 anos antes. O tribunal então perguntou os nomes dessas duas pessoas, momento em que Thiess se corrigiu e disse que não havia cinto, e que tudo o que os lobisomens tinham que fazer era entrar nos arbustos, se despir e eles se transformariam em lobos.

Ele também contou muitas outras histórias malucas, a maioria das quais teve de mudar quando seus inquisidores o pegaram em contradições ou lhe pediram mais detalhes. Ele mudou sua história de como ele se tornou um lobisomem mais uma vez, desta vez dizendo que um lobisomem o brindou e deu a ele sua habilidade. Thiess disse que tudo o que ele precisava fazer para passar adiante a licantropia era brindar alguém com uma jarra de bebida, respirar três vezes e sussurrar: "Você vai se tornar como eu." Nesse ponto, se a pessoa bebesse da jarra, ela se tornaria um lobisomem. Até agora, ninguém se ofereceu.

Ele também se gabou de que a boa colheita do ano anterior foi graças a ele, porque ele havia feito uma incursão bem-sucedida ao Inferno. Os juízes então apontaram que ele alegou não ter sido um lobisomem por 10 anos, momento em que Thiess admitiu que havia mentido sobre isso e ainda era um lobisomem.

Algumas de suas reivindicações foram apoiadas por sua reputação local. Seus vizinhos haviam sussurrado por muito tempo que ele era um lobisomem e aliado ao Diabo, como todos os lobisomens deveriam ser. Sem dúvida, o velho já havia contado suas histórias em ocasiões anteriores, mas nem todos acreditavam nessas coisas. Na verdade, muitos o consideravam um cidadão respeitável, e ninguém o considerava louco.

Os juízes agora tinham que descobrir o que fazer com aquele homem e sua estranha história. O que Thiess estava admitindo era uma ofensa capital, mas a confissão era tão cheia de contradições que eles poderiam realmente condená-lo? Para obter mais clareza, e talvez dar a um velho fraco uma saída, eles perguntaram se ele era um luterano adequado que orava e ia à igreja regularmente. Thiess respondeu que ele não fazia nenhum dos atos normais de adoração porque não os entendia.

No final, os juízes não acreditaram que ele fosse um lobisomem, mas o condenaram por bruxaria. Muitos habitantes locais relataram que ele era um praticante de magia popular, abençoando cavalos e curando feridas. Ele tinha um feitiço que entoava para alguns desses feitiços que diziam: "Sol e lua vão além do mar, trazem de volta a alma que o Diabo havia levado para o Inferno e devolvem ao gado a vida e a saúde que foi tirada deles. " Isso, os juízes proclamaram, era um caso claro de bruxaria porque Thiess não mencionou Deus no feitiço. No final, eles o condenaram a ser açoitado e banido, uma sentença bastante branda, já que a maioria das bruxas condenadas era enforcada ou queimada na fogueira.

Identidades Erradas

Antes de serem caçados até quase a extinção no século 19 , os lobos eram comuns nas áreas rurais da Europa, mas na maioria das vezes, as pessoas tinham pouco a temer, já que os lobos raramente atacam humanos. Eles atacam o gado, no entanto, e são considerados um incômodo, e de vez em quando, especialmente durante os invernos magros, quando os lobos não conseguem encontrar outra fonte de alimentação, havia incidentes de viajantes solitários sendo atacados por lobos, ou mesmo matilhas de lobos entrando em áreas ocupadas para caçar carne humana. Frequentemente, esses assassinos eram considerados lobisomens.

Um deles foi o chamado Lobisomem de Ansbach, um

lobo que aterrorizou o Principado de Ansbach no Sacro Império Romano em 1685. A princípio, o lobo atacou o gado, mas depois ficou mais ousado e começou a devorar crianças. Quando isso aconteceu, os habitantes locais se convenceram de que era a reencarnação do recém-falecido Bürgermeister, um homem cruel em cujo funeral ninguém derramou uma lágrima. O Bürgermeister voltou como um lobisomem, eles sussurraram, e as pessoas decidiram matá-lo.

Um grupo de caçadores e seus cães conseguiram arrancar a besta da floresta e cercá-la, momento em que o lobo saltou em um poço. Eles então mataram o animal e o trouxeram de volta para a cidade, onde teve o focinho cortado e estava vestido com roupas de homem, completo com peruca, máscara e barba postiça para torná-lo mais parecido com o falecido Bürgermeister.

Um caso mais moderno e sangrento foi o da Besta de Gévaudan. Os ataques ocorreram em uma parte remota do sul da França em 1764, quando um grande lobo com uma estranha pele avermelhada aterrorizou o campo. Sua primeira vítima foi uma menina pastor de 14 anos chamada Janne Boulet. Logo passou a atacar outros camponeses solitários, geralmente mulheres e crianças. Alguns foram encontrados mutilados além do reconhecimento, enquanto outros desapareceram completamente. Os pastores logo temeram cuidar de seus rebanhos, e ninguém queria andar sozinho naquela área rural. Os cães de guarda não ajudaram porque tendiam a fugir quando o animal aparecia.

Em outubro daquele ano, a besta ficou mais ousada e realmente entrou em uma aldeia à luz do dia, algo que os lobos raramente fazem. Jean-Pierre Pourcher estava trabalhando em seu celeiro em Julianges quando uma sombra bloqueou a luz do fim da tarde pela janela. Ele olhou para cima para ver o rosto rosnando de um lobo. Tremendo de medo, Pourcher agarrou sua espingarda e esvaziou os dois canos nela. Mesmo tendo acertado as duas vezes, a besta não morreu. Em vez disso, gritou de dor e saiu correndo, parecendo não estar muito desgastado.

A contagem de corpos cresceu, primeiro para dezenas e depois para centenas. Os caçadores locais não conseguiram pegar a besta, que exibiu astúcia para corresponder à sua fome. O governo decidiu agir, oferecendo uma grande recompensa e enviando milhares de soldados e voluntários armados em caçadas organizadas. Alguns soldados até se vestiram de mulheres na esperança de atrair a fera.

Os detalhes dos ataques se espalharam como um incêndio por toda a França, por meio de jornais relativamente novos. A descrição estranha e assustadora da besta e a crueldade dos ataques contra principalmente mulheres e crianças em que eram decapitadas e estripadas causaram uma excitação picante para o público leitor. Mostrou aos franceses que, apesar de sua alta cultura, de seu vasto império ultramarino e da rápida disseminação da alfabetização, ainda havia mistérios nas partes mais selvagens de seu próprio país.

Ao todo, a Besta de Gévaudan atacou cerca de 300 pessoas, embora nem todas tenham morrido. Os jornais da época entrevistaram alguns dos sobreviventes e seus testemunhos contribuíram para a natureza de gelar o sangue da lenda.

Alguns sobreviventes até se tornaram celebridades menores. Quando um grupo de crianças pastoreando o gado foi atacado em 12 de janeiro de 1765, um menino de 12 anos chamado Jacques Portefaix reuniu seus amigos e tentou afastar o animal com lanças. Eles o apunhalaram com suas armas rudes, bastões simples com pontas de ferro grosseiras. O lobo conseguiu agarrar um menino de 8 anos, mas os outros o apunhalaram até que ele soltou a criança. Então a besta agarrou outro menino, e mais uma vez os outros vieram em seu socorro. O lobo arrastou o menino para um lamaçal onde as crianças o encurralaram e o esfaquearam inúmeras vezes. O lobo largou sua presa e lutou, apenas para ser esfaqueado várias vezes. Por fim, tendo sido picado várias vezes e duas vezes perdendo o jantar, ele fugiu. Os dois meninos ficaram gravemente feridos, mas sobreviveram. O rei Luís XV ficou tão impressionado que deu uma quantia considerável a cada um deles e educou o jovem Jacques às suas próprias custas. Ele passou a se tornar um tenente na artilharia, uma posição muito mais alta do que ele poderia esperar se tivesse permanecido um camponês anônimo.

Em 11 de agosto de 1765, a besta atacou Marie-Jeanne Valet, uma jovem garota, que conseguiu lutar contra o lobo gigante e até mesmo feri-lo. Ela estava visitando uma fazenda vizinha e estava voltando para casa, caminhando sozinha, quando ouviu um barulho atrás dela, se virou e se deparou com as mandíbulas escorregadias da Besta de Gévaudan.

A besta a pegara nas margens de um rio, mas Marie-Jeanne estava preparada. Ela carregava uma lança feita em casa, como todos na região faziam naquela época assustadora. Ela o mergulhou no peito do lobo, ao que o animal soltou um grito, colocou a pata na ferida em um gesto estranhamente humano e caiu na água. A menina correu de volta para casa e não viu o que aconteceu com o lobo então, mas claramente ele sobreviveu ao ferimento e continuou a atacar os vizinhos de Marie-Jeanne. Marie-Jeanne foi saudada como a virtuosa "Donzela de Gévaudan", defendendo seu corpo contra a fome de um animal selvagem. Uma estátua em sua homenagem ainda existe na vila de Auvers, perto de onde ela se posicionou.

A pele avermelhada incomum do lobo já foi notada. Muitos outros detalhes estranhos circularam sobre sua aparência, levantando a questão de se realmente era um lobo. Algumas pessoas sugeriram que era um leão fugitivo ou algum tipo de animal dos tempos pré-históricos. Testemunhas, com a percepção sem dúvida distorcida pelo puro terror de confrontar a criatura, alegaram que era grande como um cavalo, com cabelo desgrenhado e focinho de bezerro. Alguns disseram que suas patas traseiras terminavam em cascos e não em patas. Ele podia dar saltos longos, ficar nas patas traseiras e era imune a balas. Outros juraram que sabia falar francês e andar sobre as águas. Alguns até alegaram que ele havia sido morto muitas vezes e havia voltado dos mortos.

Certamente parecia que sim, visto que foi baleado e esfaqueado inúmeras vezes e só voltou para mais vítimas. Armadilhas foram passadas e iscas venenosas deixadas porque foram consumidas sem efeitos prejudiciais.Repetidamente, grupos de caça iam e voltavam de mãos vazias. Impaciente com a falta de progresso, o rei Luís XV acabou mandando seu portador de armas e guarda-costas pessoal, François Antoine, junto com um forte contingente de caçadores experientes. Em setembro de 1765 ele declarou vitória, exibindo orgulhosamente o corpo de um grande lobo que ele havia matado. Ele pesava 45 quilos e media quase dois metros de comprimento. Antoine voltou a Versalhes e reivindicou a recompensa que o rei havia oferecido, tornando-se o brinde da sociedade francesa. Ele foi nomeado "grand-croix da ordem de Saint-Louis" e recebeu uma pensão de 1.000 libras. Seu filho, que acompanhara o pai na caçada, foi nomeado oficial de uma companhia de cavalaria e a família ganhava bem exibindo o bicho de pelúcia em elegantes salões parisienses e feiras rurais.

No final das contas, esse não foi o fim da história. Em dois meses, os ataques recomeçaram. A besta matou pelo menos mais 30 pessoas nos 18 meses seguintes. Os apelos ao palácio foram ignorados, apenas porque ninguém na corte queria falar com o rei sobre o assunto. A Besta de Gévaudan havia sido morta, o rei havia decretado, e questionar isso seria questionar o rei.

Mais uma vez, o povo de Gévaudan tentou matar o animal, sem sucesso, até que um caçador local chamado Jean Chastel partiu sozinho. De acordo com seu testemunho, ele derreteu um amuleto religioso de prata para fazer balas, foi a uma área montanhosa remota onde a besta tinha sido vista várias vezes e sentou-se para ler a Bíblia. Ele imaginou que vendo um homem sozinho, a besta viria até ele.

Isso aconteceu, e Chastel agarrou seu mosquete, mirou e

atirou nele. A data era 19 de junho de 1767. O reinado de terror finalmente acabou.

É interessante que a prata foi usada para fazer a bala. Balas de prata são raras na literatura sobre lobisomem até que a ideia foi adotada por romancistas no século 19. Neste caso, não está claro se a bala era eficaz porque era feita de um objeto sagrado, ou porque era feita de prata, ou ambos.

Infelizmente, este animal não foi preservado. Chastel o matou no calor do verão e rapidamente apodreceu. Ele foi aberto, no entanto, e o ombro de uma jovem foi encontrado dentro de seu estômago. Chastel não foi reconhecido pelo rei e só recebeu uma modesta recompensa das autoridades locais, mas pelo menos eles acreditaram nele. O governo nacional apenas riu dele, chamando-o de fraude. Na região de Gévaudan, porém, ele se tornou um herói. Ele ainda é lembrado até hoje, com estátuas, poemas, livros e até filmes sobre suas façanhas.

Estudiosos modernos agora pensam que na verdade existiram várias Bestas de Gévaudan. Afinal, tanto François Antoine quanto Jean Chastel voltaram com lobos mortos, e outros caçadores reivindicaram a vitória também. Um ensacou um lobo que pesava 60 quilos, mais do que o dobro do peso de um lobo normal. Os que

Antoine e Chastel mostraram ao rei também eram excepcionalmente grandes. Talvez houvesse uma matilha de lobos famintos e enormes rondando as florestas e campos ao redor de Gévaudan.

Parece aumentar a credibilidade pensar que apenas um animal poderia ser responsável por todos os ataques. Dos 240 ataques registrados (e provavelmente houve mais), a besta ou bestas mataram 112 pessoas e feriram mais 53. Não é registrado quantos animais de fazenda foram comidos, mas há poucas dúvidas de que o número é muito maior do que o número de mortos humanos.

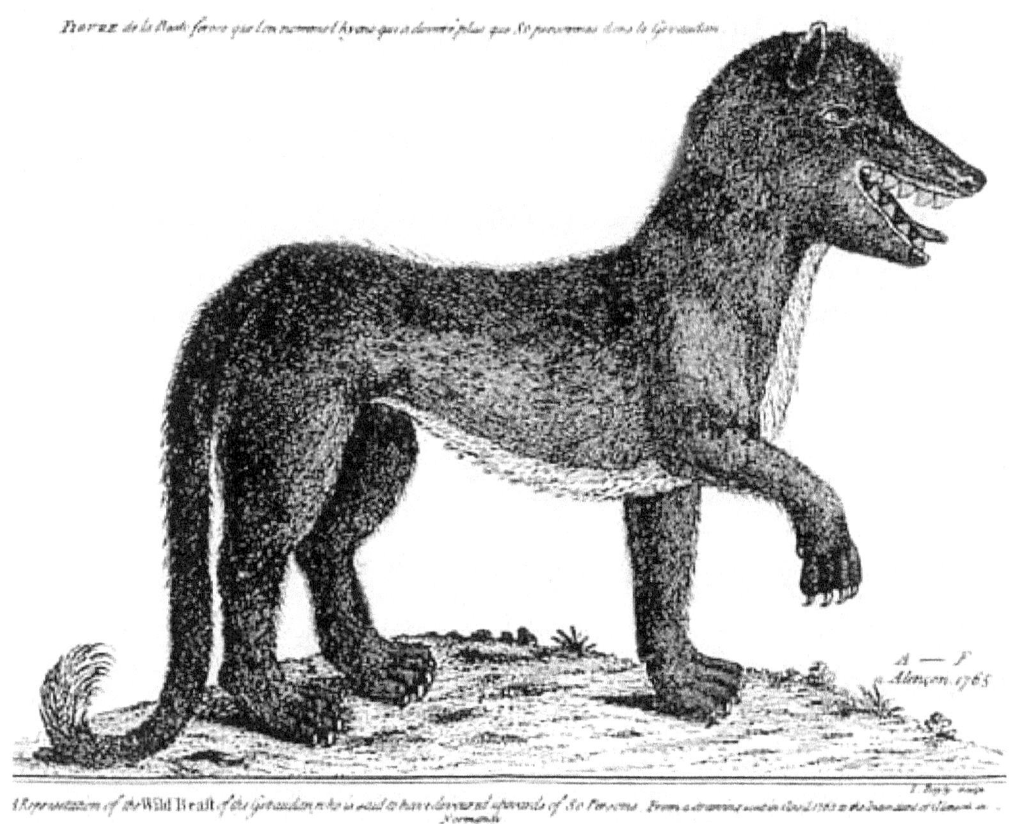

Uma representação artística da Besta de Gévaudan

Embora a Besta (ou Bestas) de Gévaudan tenha sido o pior assassino de homens registrado, certamente não foi o único. Em toda a Europa, há registros de ataques fatais de lobos desde a Idade Média até o início da modernidade. Geralmente, eram feitos por animais solitários atacando pastores ou viajantes solitários, mas às vezes matilhas inteiras e várias vítimas estavam envolvidas.

Talvez o caso mais notório tenha ocorrido em Paris, no inverno de 1450. O inverno foi especialmente frio, e havia pouco para os lobos nas florestas fora da cidade comerem, então à noite eles começaram a seguir para a cidade. Naquela época, Paris era uma cidade murada, mas as paredes haviam sido erguidas 200 anos antes e agora estavam em ruínas, com muitas brechas pelas quais os animais podiam entrar. Logo as pessoas estavam sendo atacadas bem no centro da cidade, uma reviravolta surpreendente e angustiante. Embora as cidades medievais não fossem os lugares mais agradáveis para se viver, graças ao contágio, ao crime e ao esgoto bruto sendo fatos diários da vida, pelo menos as pessoas achavam que deveriam estar protegidas de animais selvagens.

Cerca de 40 parisienses foram devorados antes que uma grande caçada fosse lançada para exterminar a matilha. Um grande grupo de caçadores esperou até que a matilha chegasse ao centro da cidade uma noite e então fechasse todas as ruas. Assim que colocaram os lobos na rede, eles começaram a apertar, usando lanças e arcos para conduzir os animais até a Ile de la Cité, no centro da cidade. Lá, eles atacaram e mataram todos na praça em frente a Notre Dame.

Não se dizia que os lobos de Paris tinham poderes sobrenaturais como a Besta de Gévaudan ou alguns dos outros matadores de homem, mas frequentemente se dizia que esses animais eram mais do que pareciam. A crença de que os lobos comedores de homens são mais do que apenas predadores famintos foi sancionada oficialmente no notório manual de caça às bruxas Malleus Maleficarum, impresso pela primeira vez em 1487. Nele, o autor escreveu extensivamente sobre bruxas, mas também deu uma quantidade relativamente pequena de espaço para os lobos. O livro disse aos leitores:

"O que se deve pensar dos lobos que às vezes arrebatam e comem homens e crianças de seus berços: se isso também é um glamour causado por bruxas.

"A propósito, há uma questão sobre os lobos, que às vezes arrancam homens e crianças de suas casas e os comem, e correm com tal astúcia que por nenhuma habilidade ou força podem ser feridos ou capturados. Deve-se dizer que isso às vezes tem uma causa natural, mas às vezes é devido a um encantamento, quando é efetuado por bruxas. E quanto ao primeiro, o beato

Albertus em seu livro Sobre os Animais diz que pode surgir de cinco causas. Às vezes, devido à grande fome, quando veados e outros animais se aproximam dos homens. Às vezes por causa da ferocidade de sua força, como no caso de cães em regiões frias. Mas isso não é nada relevante; e dizemos que tais coisas são causadas por uma ilusão de demônios, quando Deus pune alguma nação pelo pecado. Veja Levítico xxvi: Se não guardardes os meus mandamentos, enviarei contra vós os animais do campo, que vos consumirão a vós e aos vossos rebanhos. E novamente Deuteronômio xxxii: Eu também enviarei os dentes da besta sobre eles, etc.

"Quanto à questão de saber se são lobos verdadeiros ou demônios que aparecem nessa forma, dizemos que são lobos verdadeiros, mas estão possuídos por demônios; e eles são estimulados de duas maneiras. Pode acontecer scm a operação de bruxas: e assim foi no caso dos dois e quarenta meninos que foram devorados por dois ursos que saíam da floresta, porque zombavam do profeta Elisau, dizendo que ele era careca. Também no caso do leão que matou o profeta que não cumpriria o mandamento de Deus (III. Reis xiii). E conta-se que um bispo de Viena ordenou que as Litanias menores fossem cantadas solenemente em certos dias antes da Festa da Ascensão, porque os lobos entravam na cidade e devoravam os homens publicamente.

"Mas por outro lado, pode ser uma ilusão causada por bruxas. Pois Guilherme de Paris conta a história de um certo homem que pensava ter se transformado em lobo e, em certos momentos, se escondia entre as cavernas. Pois lá ele foi em determinado momento, e embora permanecesse ali o tempo todo parado, ele acreditava ser um lobo que andava devorando crianças; e embora o Diabo, tendo possuído um lobo, estivesse realmente fazendo isso, ele erroneamente pensou que estava rondando durante o sono. E ele ficou assim por tanto tempo fora de seus sentidos que finalmente foi encontrado deitado na floresta delirando. O diabo se deleita com essas coisas, e causou a ilusão dos pagãos que acreditavam que homens e velhas se transformavam em bestas. Disto se vê que tais coisas só acontecem com a permissão de Deus ao longo e por meio da operação de demônios, e não por qualquer defeito natural; visto que por nenhuma arte ou força tais lobos podem ser feridos ou capturados. Nesta conexão também Vincent de Beauvais (em Spec. Hist., VI, 40) diz que na Gália, antes da Encarnação de Cristo, e antes da Guerra Púnica, um lobo arrebatou uma espada de sentinela de sua bainha."

Dr. Johann Geiler von Kaysersberg, um pregador em Estrasburgo, deu um sermão em 1508 sobre lobisomens, descartando a ideia dos metamorfos e dizendo que a maioria dos ataques eram lobos famintos que não conseguiam encontrar nenhum outro sustento ou animais incomumente agressivos que, depois adquirindo o gosto pela carne humana, tornam-se matadores habituais. Em alguns casos, ele admitiu, pode ser obra do "Diabo, que se transforma e assume a forma de um lobo. Assim escreve Vincentius em seu Speculum Historiale. E ele o tirou de Valerius Maximus na Guerra Púnica . Quando os romanos lutaram contra os homens da África, quando o capitão dormia, veio um lobo, puxou da espada e carregou-a. Esse era o Diabo em forma de lobo. Semelhante escreve William de Paris - que um lobo mata e devora crianças e comete o pior dos males. Houve um homem que teve a fantasia de que ele mesmo era um lobo. E depois ele foi encontrado deitado na floresta, e ele estava morto de fome. "

A licantropia é uma condição médica?

É fácil para os leitores modernos descartar os contos de lobisomens como ideias fantasiosas de outros tempos. Sua ligação com a histeria das bruxas é certamente clara, e alguns lobisomens capturados como Thiess e Romasanta parecem ter sido mentalmente desequilibrados.

No entanto, alguns lobisomens podem ter sofrido de um distúrbio médico específico ou distúrbios que levaram ao seu comportamento bizarro. Um acadêmico, por exemplo, acredita que Romasanta pode ter comido cogumelos mágicos durante suas longas caminhadas nas montanhas do norte da Península Ibérica e que teve algum tipo de surto psicótico.

Outros lobisomens podem ter doenças reais que os fazem agir como lobisomens. Os pesquisadores criaram várias teorias. Uma é que sofrem de porfiria, um grupo de doenças que afetam a pele e o sistema nervoso durante as quais os pacientes sofrem ataques violentos por um breve período. Os sintomas incluem fotossensibilidade, dentes avermelhados, confusão e psicose. Outros pesquisadores acreditam que essa doença não é adequada porque os lobisomens são considerados poderosos e ativos, enquanto os pacientes que sofrem de ataques de porfiria posteriormente ficam frequentemente debilitados devido a vômitos, dor abdominal e até paralisia parcial ou total. Isso parece estar em desacordo com um homem correndo pela floresta, atacando vítimas inocentes e dilacerando-as.

Outra sugestão é que os lobisomens sofriam de hipertricose, uma doença genética rara em que todo o corpo de uma pessoa é coberto por pelos. Embora alguém que sofre de hipertricose certamente pareça à mente primitiva um lobisomem, existem poucos relatos de lobisomens que correspondam a essa descrição. Os lobisomens na maioria do folclore se parecem com lobos ou humanos comuns. Além disso, a extrema raridade do distúrbio o torna um candidato improvável.

Uma possibilidade mais forte é a raiva. Se um cão raivoso mordesse um humano na era pré-moderna, não havia tratamento e, quando a raiva é transmitida, no início não há sintomas. Isso é seguido mais tarde por febre e apatia, além de irritação na ferida. Então, a doença afeta o sistema nervoso central e os sintomas incluem insônia (encaixando-se no conceito de que os lobisomens costumam rondar todas as horas da noite), ansiedade, confusão, hiperatividade, agitação, salivação e alucinações. Embora isso se encaixe no quadro geral de um lobisomem, a raiva é uma doença reconhecida (embora intratável) desde os tempos antigos, e as pessoas sabiam que se alguém fosse mordido por um "cachorro louco", eles poderiam esperar pegar raiva.

Como parece não haver doença física ou genética satisfatória que possa explicar a licantropia, historiadores e cientistas tendem a procurar uma doença psicológica. Na verdade, até mesmo muitos médicos antigos acreditavam que a licantropia era uma forma de loucura, não uma transformação física real ou doença, que é confundida com uma transformação física.

O registro mais antigo desse tipo de pensamento data do século 7 , quando Paulus Aegineta de Alexandria escreveu que a licantropia era devida à melancolia, um excesso de bile negra que era um dos quatro "humores" do corpo. Quando esses humores ficam desequilibrados, podem causar todos os tipos de distúrbios.

Essa ideia continuou na literatura medieval por muitos séculos, sendo encontrada nos escritos de Johann Weyer no século 16. Escrevendo em seu Daemonologie em 1597, o Rei James disse que, ao contrário do que muitos tribunais religiosos estavam afirmando, a licantropia não foi causada pelo Diabo. Em vez disso, era uma "superabundância natural de melancolia, que, como sabemos, fez alguns jarros diluídos, e alguns cavalos, e algum tipo de animal ou outro: Portanto, suponha que isso tenha sido tão inserido na imaginação e na memória de alguns, como per lucida interualla, tanto os ocupou, que eles pensaram que eram verdadeiros lobos nesses momentos: e assim falsificou suas ações ao correr em suas mãos, preparando-se para atacarem mulheres, lutando e arrebatando com todos os cães da cidade, e enfrentando tais como outras ações brutais, e então se tornarem bestas por uma forte apreensão, como Nabucadetzar tinha sete anos: mas também por grunhirem e correrem, não sendo nada além do que ilusões e mentiras.

Sabine Baring-Gould, em seu Livro dos Lobos , relata este caso: "Forestus, em seu capítulo sobre as doenças do cérebro, relata uma circunstância que veio sob sua própria observação, em meados do século 16, em Alcmaar, na Holanda. Um camponês era atacado a cada primavera por um acesso de insanidade; sob a influência disso, ele correu pelo cemitério, correu para dentro da igreja, pulou os bancos, dançou, ficou furioso, subiu, desceu e nunca ficou quieto. Ele carregava um longo bastão na mão, com o qual afugentou os cães, que voaram sobre ele e o feriram, de modo que suas coxas ficaram cobertas de cicatrizes. Seu rosto estava pálido, seus olhos profundamente afundados nas órbitas. Forestus declara que o homem é um licantropo, mas não diz que o pobre sujeito acreditava ter se transformado em lobo. Em referência a este caso, no entanto, ele menciona o de um nobre espanhol que acreditava ter sido transformado em um urso, e que vagava furioso entre os bosques. ”

Infelizmente, no mundo pré-moderno, a maioria das pessoas agindo como lobisomens era tratada como tal, então, em vez de receber ajuda psicológica, eram caçados e mortos.

A psiquiatria moderna estudou inúmeros casos de pessoas que pensam que se transformam em animais, e ainda existe um termo para isso: "licantropia clínica". Esta condição rara é uma ilusão específica de que o paciente está se transformando ou se transformou em um animal específico. Embora lobos e cães sejam temas populares, os pacientes relataram que se transformaram em uma grande variedade de animais, de vacas a cobras e gatos e até mesmo abelhas. Em um caso, uma paciente do sexo feminino se “transformou” quatro vezes, primeiro em cachorro, depois em cavalo e depois em gato, antes de retornar à sua forma humana. Esses pacientes exibirão o comportamento de tal animal ou parecerão superficialmente "normais", mas se lembrarão de uma época em que fizeram a mudança. Outros delírios podem estar associados a essa doença, e a licantropia clínica é considerada uma expressão idiossincrática de um episódio psicótico causado por outras condições, como esquizofrenia, transtorno bipolar ou depressão clínica.

Não é difícil ver como vários indivíduos descritos nessas histórias podem ter sofrido de licantropia clínica. Thiess em particular parecia convencido de que já tinha sido um lobo e admitiu abertamente isso em um tribunal sem ser solicitado, embora ele colocasse sua própria vida em perigo.

Pode até haver um aspecto fisiológico para a licantropia clínica. Dois pacientes que sofrem do distúrbio foram submetidos a um estudo de neuroimagem, e foi descoberto que as porções de seus cérebros associadas à percepção da forma do corpo apresentavam atividade incomum. Os pesquisadores sugeriram que os pacientes realmente sentiram sua "transformação" como uma mudança física, ao invés de simplesmente uma alucinação mental.

Esta é uma má notícia para os raros pacientes que sofrem de licantropia clínica. Se seu cérebro está programado para fazê-los acreditar que estão mudando de forma, a terapia tradicional terá muita dificuldade em trazê-los de volta à realidade.

Fontes da Web

Outros títulos sobre assuntos misteriosos por Charles River Editors & Sean McLachlan

Bibliografia

Amelinckx, Andrew. "Old Time Farm Crime: The Werewolf Farmer of Bedburg." Modern Farmer. https://modernfarmer.com/2013/08/peter-stubbethe-werewolf-of-bedburg/ Acesso em 21 de julho de 2019.

Bane, Theresa. *The Encyclopedia of Vampire Mythology*. Jefferson, North Carolina: McFarland & Co., 2010.

Barber, Paul. *Vampires, Burial and Death, 2nd ed.* Boston: Yale University Press, 2010.

Barber, Paul. "Staking Claims: The Vampires of Folklore and Fiction", in *Skeptical Inquirer*, Vol. 20.2 (Março/Abril 1996).

Baring-Gould, Sabine. *The Book of Were-Wolves.* Smith Elder & Co.: London, United Kingdom, 1865.

Boissoneault, Lorraine. "When the Beast of Gévaudan Terrorized France", in *Smithsonian Magazine*, 26 June 2017. https://www.smithsonianmag.com/history/beastgevaudan-terrorized-france-countryside-180963820/ Retirado em 18 de junho 2019.

Bores, George. *The Damnable Life and Death of Stubbe Peeter*. London: 1590.

Brautigam, Rob. http://www.shroudeater.com An online database of vampire sightings.

de Blécourt, Willem. "'I Would Have Eaten You Too': Werewolf Legends in the Flemish, Dutch and German Area." In *Folklore* Vol. 118, No. 1 (Abril, 2007).

De Blécourt, Willem (2007). "A Journey to Hell: Reconsidering the Livonian 'Werewolf." *Magic, Ritual, and Witchcraft.* Vol. 2 No. 1 (Summer, 2007).

D'Agostino, Thomas. *A History of Vampires in New England*. Charleston, South Carolina: The History Press, 2010.

Dundes, Alan, editor. *The Vampire: A Casebook.* Madison: University of Wisconsin Press, 1998.

Floreascu, Radu, and Raymond T. McNally. *In Search of Dracula: The History of Dracula and Vampires, 2nd ed.* New York City: Houghton Mifflin Company, 1994.

Guiley, Rosemary Ellen. *Vampires Among Us: The Surprising Story of Real-Life Vampires in the 20th Century*. New York City: Pocket Books, 1991.

Maxwell-Stuart, P. G. *Witch Beliefs and Witch Trials in the Middle Ages: Documents and Readings.* Continuum International Publishing Group: New York City, New York, 2011.

Pliny the Elder. *The Natural History.* Translated by John Bostock. George Bell & Sons: London, United Kingdom, 1893.

Smith, Jay M. *Monsters of the Gévaudan: The Making of a Beast.* Harvard University Press: Cambridge, Massachusetts, 2011.

St. Clair, S.G.B. and Charles A. Brophy. *A Residence in Bulgaria - or - Notes on the Resources and Administration of Turkey: The condition and character, manners, customs, and language of the Christian and Mussulman populations with reference to the Eastern question.* London: John Murray, 1869.

Steiger, Brad. *The Werewolf Book: The Encyclopedia of Shape-Shifting Beings.* Visible Ink Press: Canton, MI, 2012.

Summer, Montague. *The Werewolf.* E. P. Dutton & Company: New York City, New York, 1934.

Summers, Montague. *The Malleus Maleficarum of Kramer and Sprenger. ed. and trans. by Summers.* Dover Publications: London, united Kingdom, 1948. Publicação

Original em 1928.

Summers, Montague. *The Vampire in Europe*. Bracken Books: London, 1996. Edição Original em 1926.

Summers, Montague. *The Vampire, His Kith and Kin*. New York City: Kessinger Publishing, 2010. Edição Original em 1928.

Livros Gratuitos da Charles River Editors

Temos diversos títulos totalmente gratuitos todos os dias. Para ver os títulos gratuitos disponíveis no momento, clique neste link.

Livros com Descontos Especiais da Charles River Editors

Temos títulos com descontos especiais no valor de apenas 99 centavos todos os dias! Veja os títulos disponíveis com este desconto, clique neste link.